AF441071

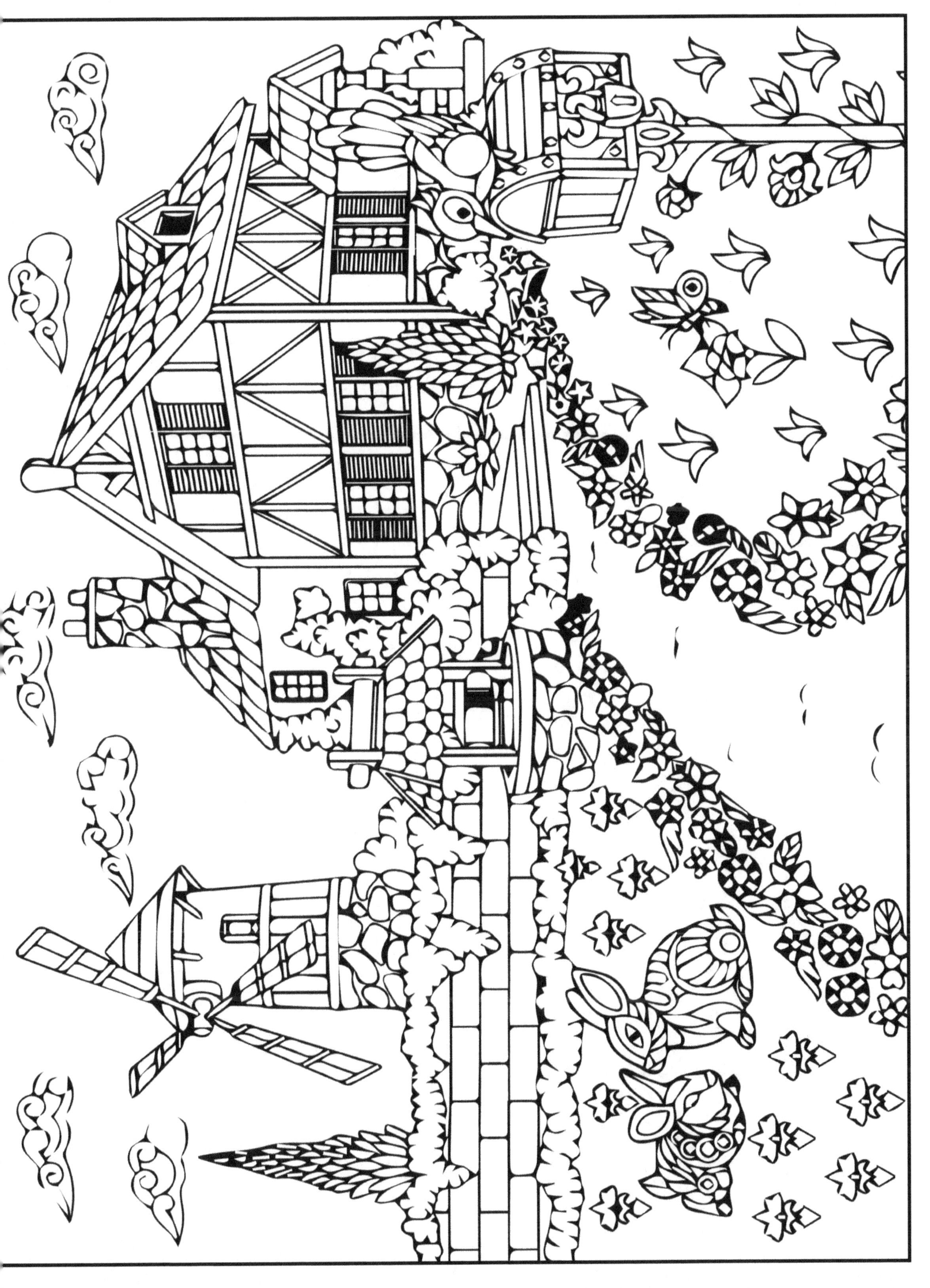

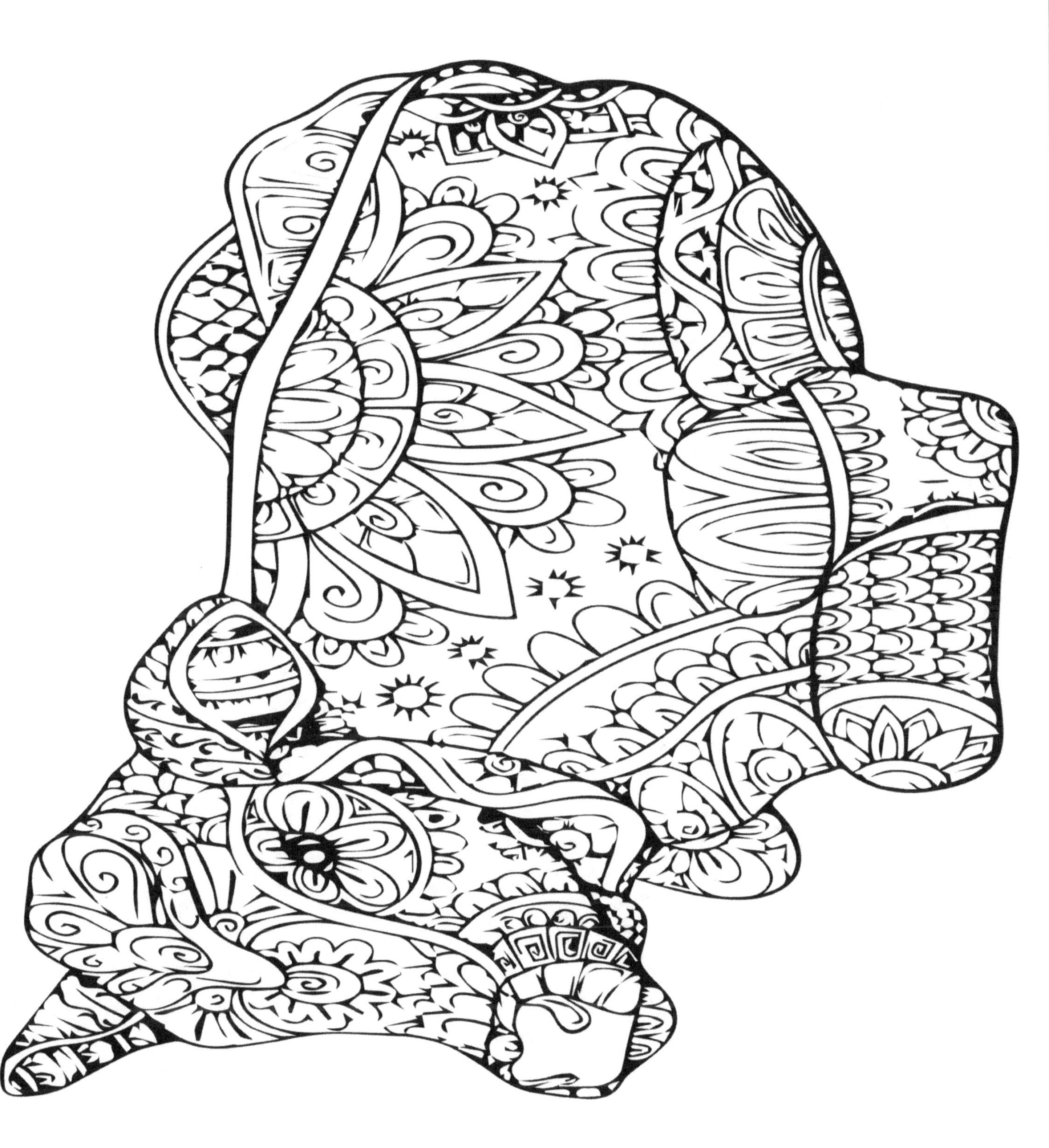

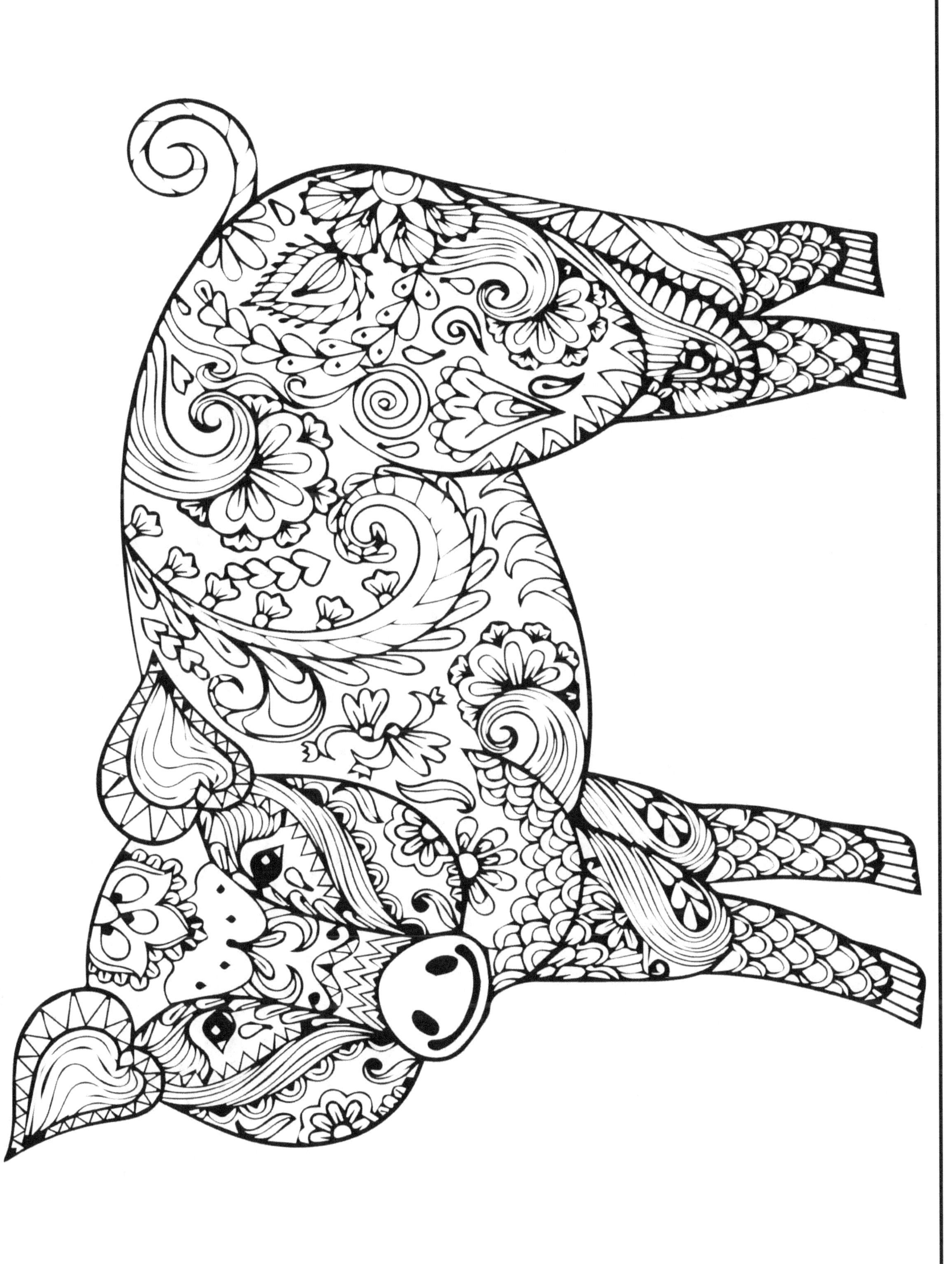

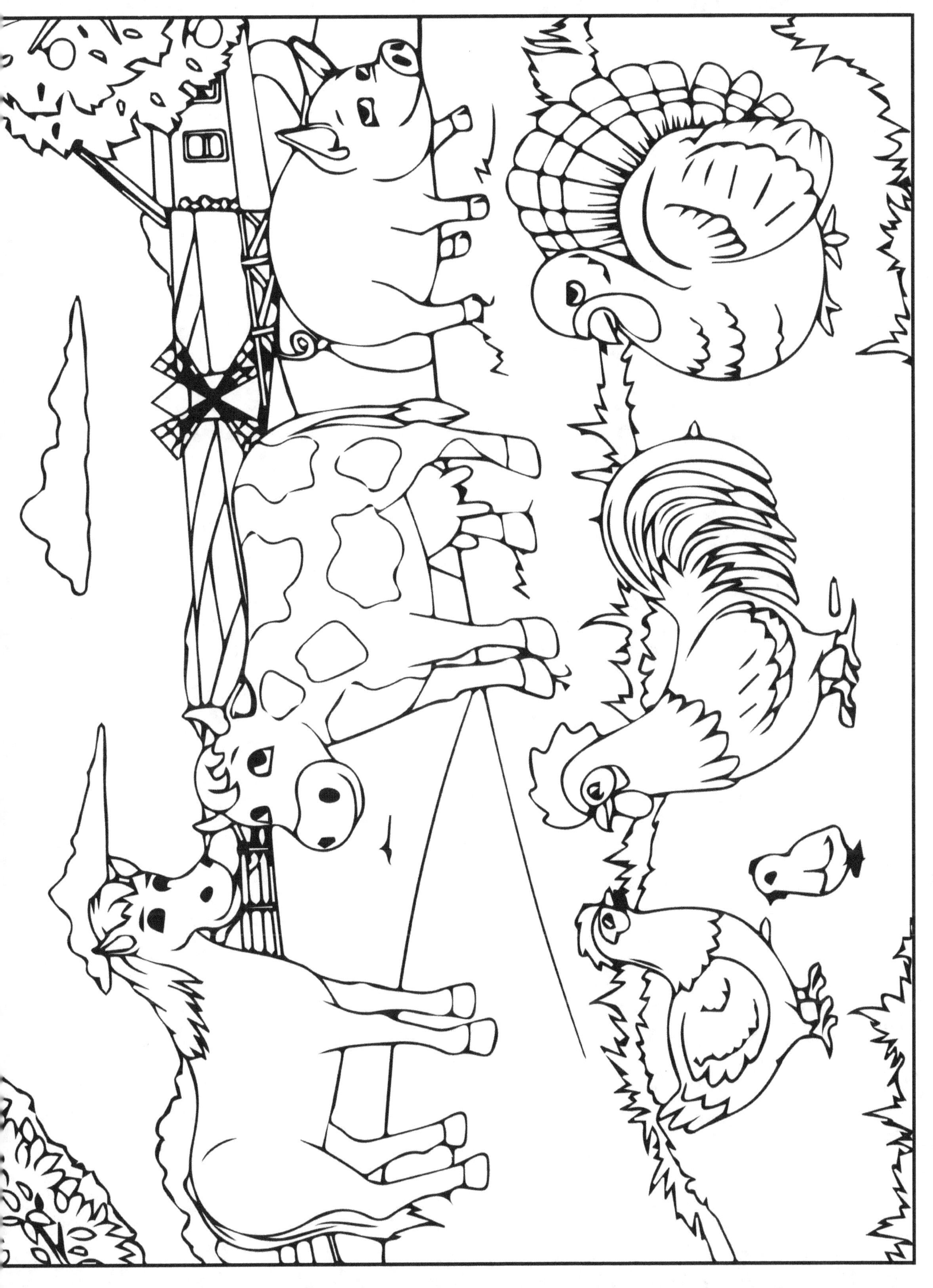

F
A
R
M

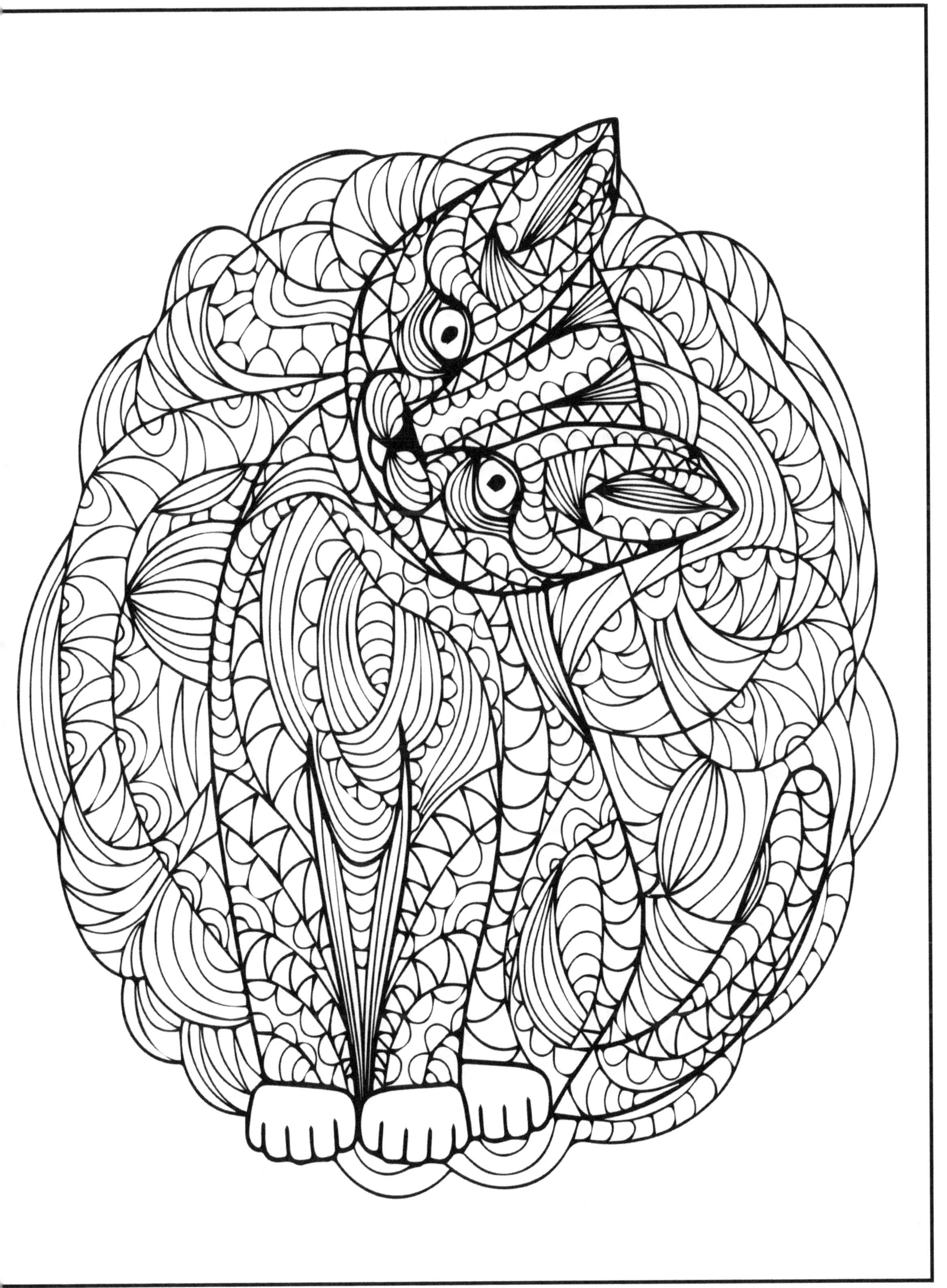

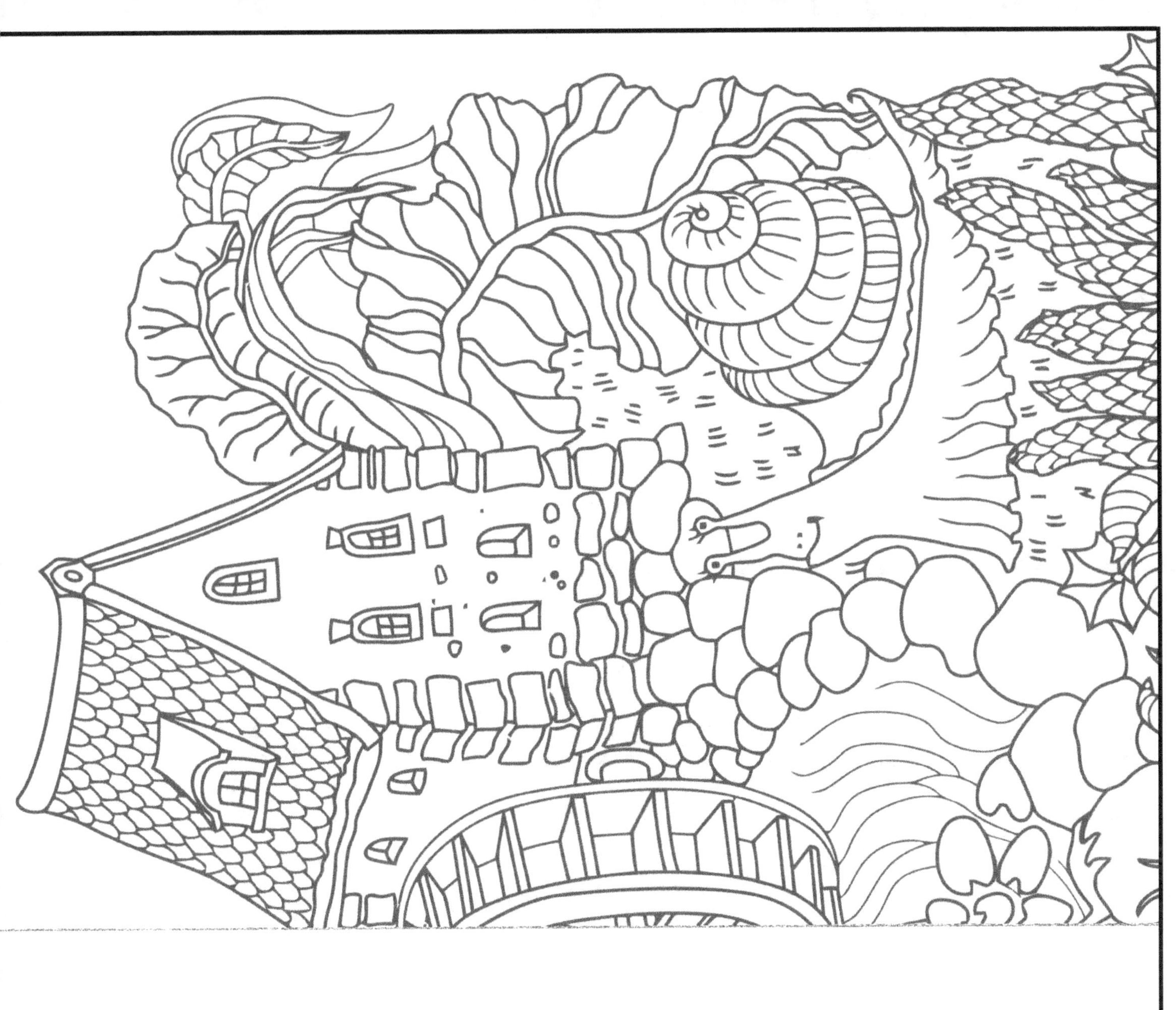

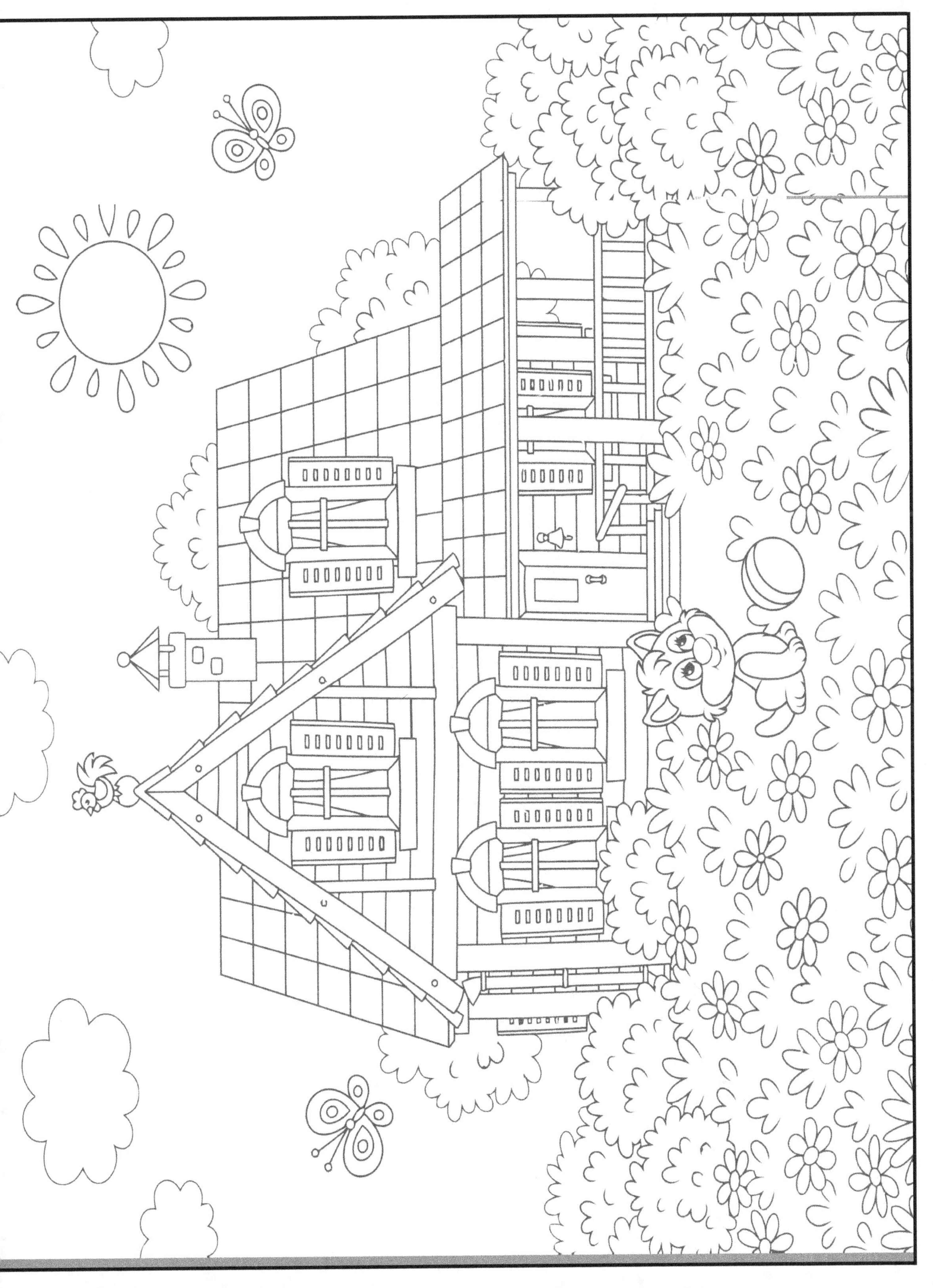